RESILIÊNCIA
na prática

Série Soft Skills Tools

LOUIS BURLAMAQUI

RESILIÊNCIA
na prática

Construindo a força emocional e mental para enfrentar desafios

MEROPE
editora

Copyright © Louis Burlamaqui, 2025
Copyright © Editora Merope, 2025

CAPA **Natalia Bae**
PROJETO GRÁFICO E DIAGRAMAÇÃO **Natalia Bae**
COPIDESQUE **Débora Dutra Vieira**
REVISÃO **Mônica Reis**
COORDENAÇÃO EDITORIAL **Opus Editorial**
DIREÇÃO EDITORIAL **Editora Merope**

Todos os direitos reservados.
Proibida a reprodução, no todo ou em parte, por quaisquer meios.

Dados Internacionais de Catalogação na Publicação (CIP)
(Câmara Brasileira do Livro, SP, Brasil)

Burlamaqui, Louis
  Resiliência na prática : construindo a força emocional e mental para enfrentar desafios / Louis Burlamaqui. -- Belo Horizonte, MG : Editora Merope, 2025. -- (Série Soft Skills Tools)

  ISBN 978-85-69729-39-6

  1. Inteligência emocional 2. Perfeccionismo (Traço de personalidade) 3. Resiliência I. Título. II. Série.

25-255030   CDD-158.1

Índices para catálogo sistemático:
1. Resiliência: Psicologia aplicada 158.1
Eliete Marques da Silva - Bibliotecária - CRB-8/9380

MEROPE EDITORA
Rua dos Guajajaras, 880, sala 808
30180-106 – Belo Horizonte – MG – Brasil
Fone/Fax: [55 31] 3222-8165
www.editoramerope.com.br

Sumário

Introdução:
O bambual da resiliência 9

1. Como você é derrubado 12
2. Compreendendo a resiliência 22
3. Inteligência emocional como alicerce 26
4. Construindo resiliência cognitiva 38
5. Resiliência emocional 44
6. Resiliência física 50
7. Construindo resiliência relacional 55
8. Resiliência em ambientes de trabalho 64
9. Resiliência em situações de crise 70
10. Mantendo a resiliência ao longo do tempo 76
11. Antifragilidade em ambientes de trabalho 83

Á guisa do fechamento:
O ciclo infinito da resiliência 88

Introdução
O bambual da resiliência

Imagine-se caminhando por uma floresta de bambus. À primeira vista, as hastes esguias e elegantes podem parecer frágeis, inclinando-se ao menor sopro de vento. No entanto, quando chega uma tempestade, algo impressionante acontece: o bambu se curva, dobra-se até quase atingir o chão, mas não se quebra. A planta absorve a força do vento, arqueia ao peso da tempestade e, quando a fúria passa, retorna à sua posição ereta, mais forte do que antes. Esta é a essência da resiliência: ainda que envergando diante das adversidades, ter a capacidade de não se romper.

Este livro é sobre como você pode se tornar inquebrantável como o bambu, aprendendo a enfrentar as tempestades emocionais, mentais e físicas que inevitavelmente surgem durante a vida. Todos nós encaramos ventos contrários: crises pessoais, desafios no trabalho, ansiedade, perdas e mudanças imprevistas. Às vezes, esses ventos são tão fortes que nos sentimos à beira de quebrar. Mas a resiliência, assim como o bambu, não é uma questão de rigidez ou resistência estática; envolve a flexibilidade de ceder, adaptar-se e, com isso, emergir mais forte.

Ao longo das próximas páginas, exploraremos o que realmente significa ser resiliente. Este não é apenas um livro sobre como "aguentar firme" ou "superar" dificuldades. É sobre como transformar cada desafio em uma oportunidade de crescimento, como aceitar o vento em vez de lutar contra ele, como se fortalecer a cada novo obstáculo da vida.

Resiliência é uma prática, não um dom

Muitas vezes, pensamos em resiliência como uma qualidade que algumas pessoas simplesmente "têm". Olhamos com admiração líderes inspiradores, atletas que superam derrotas épicas, indivíduos que conseguem se reerguer de crises devastadoras. Mas o que pode parecer inato é, na verdade, um conjunto de aptidões e práticas que todos nós podemos desenvolver. A resiliência não é uma característica misteriosa ou exclusiva; é uma habilidade que pode ser cultivada, como um jardineiro cuida do solo sabendo que cada semente pode brotar e florescer.

Da mesma forma que o bambu cresce e se fortalece com o tempo, você também pode nutrir sua resiliência, o que envolve uma combinação de fatores: manejo emocional, mentalidade flexível, capacidade de adaptação a novas circunstâncias e discernimento para se apoiar em redes de suporte quando necessário. Ao entender e aplicar esses princípios, você não só sobreviverá às tempestades da vida, mas poderá prosperar em meio a elas.

Um guia para o crescimento resiliente

Se o bambu soubesse falar, talvez dissesse que sua força não está apenas em sua flexibilidade, mas em suas raízes profundamente conectadas ao solo. Fazendo uma analogia, o mesmo ocorre com a resiliência: trata-se de uma virtude que não se manifesta isoladamente, sendo reforçada por nossas conexões com os outros, por nossas práticas diárias e por uma mentalidade de crescimento contínuo.

Neste livro, você encontrará um mapa para construir sua resiliência em quatro dimensões: mental, emocional, física e relacional. Abordaremos formas de lidar com a ansiedade, de enxergar oportunidades em momentos de crise e como a resiliência pode ser sustentada ao longo do tempo. Por meio de exemplos reais, dados práticos e técnicas acessíveis, ensinaremos que, como o bambu, você pode se dobrar em certas situações, mas elas nunca irão te derrubar.

O bambu não teme a tempestade porque sabe que a flexibilidade é sua maior força. Do mesmo modo, você pode aprender a não temer as adversidades da vida, e sim usá-las para crescer, adaptar-se e fortalecer-se. Vamos explorar juntos o caminho para atingir essa meta de forma simples, funcional e, acima de tudo, transformadora.

1. Como você é derrubado

Todos caímos em algum momento, por nós mesmos ou por fatores externos. Entender os motivos dessa queda nos ajuda a refletir, aprender e enfrentar os problemas a partir de uma nova mentalidade. A seguir, veremos os fatores que derrubam as pessoas e liquidam sua saúde emocional.

Fator 1. Exaustão emocional – O inimigo silencioso

A exaustão emocional é um dos principais fatores que destroem a saúde mental e emocional do ser humano. Quando estão constantemente expostas a situações de alto estresse, sem oportunidades adequadas para descanso e recuperação, as pessoas começam a perder a capacidade de enfrentar novos desafios. Esse processo é muitas vezes insidioso – as pequenas tensões diárias se acumulam até que a mente e o corpo não conseguem mais suportar a pressão.

De acordo com um estudo da Organização Mundial de Saúde (OMS), o esgotamento emocional, também conhecido como *burnout*, afeta 60% dos trabalhadores em todo o mundo. Esse esgotamento tem um impacto direto na resiliência, pois drena os recursos mentais e emocionais que as pessoas precisam para lidar com o estresse. O *burnout* é mais prevalente em setores de alta demanda, como saúde, educação e tecnologia, onde a pressão por resultados e o excesso de carga de trabalho tornam a recuperação emocional quase impossível.

Um caso clássico de exaustão emocional que derrubou a resiliência foi o da ginasta norte-americana Simone Biles. Nos Jogos Olímpicos de 2020, realizados em Tóquio em 2021, Biles decidiu se retirar de várias competições devido à pressão extrema e à exaustão mental. Apesar de sua incrível força física e determinação, o acúmulo de tensões e expectativas desgastou sua resiliência, tornando-a incapaz de continuar no auge de sua performance. A decisão de Biles, de priorizar sua saúde mental, foi corajosa, mas também um sinal claro de que, mesmo os mais resilientes, podem sucumbir ao peso emocional se não houver espaço para recuperação.

Fator 2. Autoexigência desmedida – A armadilha do perfeccionismo

A autoexigência excessiva e o perfeccionismo são outras armadilhas que corroem lentamente a resiliência. Quando exigem de si mesmas padrões inatingíveis, as pessoas acabam se sabotando emocionalmente. O perfeccionismo cria uma mentalidade de "tudo ou nada", em que qualquer erro ou falha são interpretados como evidências de incapacidade, e não como oportunidades de crescimento.

Pesquisas realizadas pela *American Psychological Association* revelam que o perfeccionismo está diretamente relacionado à ansiedade, à depressão e à redução da resiliência. O estudo mostra que 70% das pessoas com tendências perfeccionistas lutam para aceitar seus erros, o que as torna mais propensas a experimentar esgotamento emocional. Em ambientes de trabalho, o perfeccionismo também leva à procrastinação, já que o medo do fracasso impede a tomada de ação.

Um exemplo marcante de quão danoso pode ser esse princípio é o do falecido CEO da Ford, Alan Mulally, que herdou uma empresa à beira da falência em 2006. Quando assumiu o comando, Mulally encontrou uma cultura de perfeccionismo que levava os executivos a ter medo de admitir problemas. Ele introduziu um novo modelo de liderança, incentivando seus subordinados a serem honestos sobre falhas e desafios. Essa mudança de mentalidade ajudou a transformar a Ford e mostrou como a exigência desmedida pode enfraquecer a resiliência organizacional.

Fator 3. Isolamento social – A ilusão da autossuficiência e da proteção

O isolamento social, físico ou emocional, é uma das formas mais prejudiciais de fragilidade emocional. Os seres humanos são intrinsecamente sociais, e a falta de suporte e conexão com seus pares pode minar rapidamente a resiliência. O isolamento não precisa ser literal; muitas vezes, mesmo cercado de pessoas, o indivíduo pode se sentir emocionalmente isolado quando não consegue compartilhar suas lutas ou pedir ajuda.

De acordo com pesquisa da *Harvard Medical School*, o isolamento social prolongado pode aumentar o risco de morte prematura em até 30%. O estudo também revelou que a solidão afeta negativamente a saúde mental, reduzindo a capacidade de enfrentar o estresse e aumentando os níveis de ansiedade e depressão. No ambiente de trabalho, a falta de conexão social pode levar ao sentimento de alienação, aumentando a rotatividade de funcionários e a queda na produtividade. Durante a pandemia de Covid-19, muitos trabalhadores enfrentaram o isolamento social em razão do trabalho remoto e das restrições de contato. Embora o chamado *home office* tenha trazido benefícios em termos de flexibilidade, também gerou um aumento significativo da solidão e da desconexão emocional.

Fator 4. A cultura tóxica – Como ambientes destrutivos fragilizam pessoas

Ambiente de trabalho e relacionamentos tóxicos são outros fatores significativos que destroem a resiliência emocional. A cultura de um ambiente tóxico é marcada por competição desmedida, comunicação hostil, falta de reconhecimento e uma atmosfera de medo. Sob essas condições, as pessoas não conseguem desenvolver um senso de segurança ou pertencimento, fatores essenciais para a resiliência.

Um estudo da *Gallup* mostrou que 55% dos trabalhadores afirmaram ter deixado seus empregos devido à cultura tóxica no local de trabalho. Os efeitos de uma cultura destrutiva são profundos, resultando em aumento dos níveis de estresse, *burnout* e, em última instância, perda da resiliência. Em comparação, culturas organizacionais positivas, em que o apoio mútuo é promovido, registram 30% menos incidentes de esgotamento emocional.

O escândalo envolvendo a empresa Uber em 2017 destacou o impacto de uma cultura tóxica no bem-estar dos funcionários e no sucesso organizacional. Sob a liderança de Travis Kalanick, a Uber foi marcada por um ambiente de trabalho altamente agressivo, onde o medo de retaliação e a falta de apoio emocional eram predominantes. O colapso da liderança da Uber mostrou como uma cultura tóxica pode rapidamente corroer a resiliência de uma organização, levando à instabilidade emocional e a problemas empresariais.

Fator 5. Ansiedade – A fantasia do improvável

A ansiedade é uma resposta natural ao estresse, mas, quando se torna crônica, transforma-se em um dos maiores inimigos da resiliência. A ansiedade, em sua forma mais debilitante, é uma sensação constante de preocupação, medo e insegurança, que drena os recursos emocionais e impede as pessoas de enfrentar os desafios da vida com clareza e calma.

Essa sensação contínua de estar em estado de alerta reduz drasticamente a capacidade de adaptação, corroendo a resiliência e tornando as pessoas emocionalmente frágeis.

▶ O que é ansiedade?

Ansiedade é uma resposta psicológica e fisiológica ao que percebemos como uma ameaça, seja real, seja imaginada. Em pequenas doses, essa condição pode ser útil, preparando o corpo e a mente para lidar com perigos ou situações desafiadoras. No entanto, quando se torna crônica, a ansiedade deixa de ser um mecanismo de defesa para se tornar uma força destrutiva que interfere em nossa capacidade de tomar decisões, resolver problemas e nos adaptar a mudanças.

A *Anxiety and Depression Association of America* (ADAA) relata que a ansiedade afeta cerca de 40 milhões de adultos nos Estados Unidos a cada ano. Além disso, indivíduos com transtornos de ansiedade são mais propensos a sofrer de depressão e esgotamento emocional. Em um estudo da OEA, constatou-se que o transtorno de ansiedade generalizada (TAG) tem uma taxa de comorbidade de 60% com a depressão, mostrando como a ansiedade pode enfraquecer progressivamente a resiliência de uma pessoa.

Quando se instala de forma crônica, a ansiedade gera uma preocupação contínua com eventos futuros, levando a um ciclo de antecipação negativa e ruminação. Esse processo mina a confiança que as pessoas têm em sua própria capacidade de lidar com situações difíceis, contribuindo para o desenvolvimento da fragilidade emocional. Em vez de ver os desafios como oportunidades de crescimento, as pessoas ansiosas tendem a vê-los como ameaças insuperáveis.

▶ O impacto da ansiedade

A ansiedade afeta a resiliência de várias maneiras, sendo a mais significativa o impacto negativo na capacidade de pensar claramente e tomar decisões sob pressão. Quando estamos ansiosos, o cérebro entra em um modo de "luta ou fuga", o que pode ser útil em situações de perigo imediato, mas prejudicial em contextos que requerem soluções criativas e reflexão racional. Em situações de alta ansiedade, as pessoas podem experimentar:

- **Bloqueio mental**: A ansiedade extrema reduz a capacidade de processar informações e tomar decisões, criando paralisia emocional e mental.
- **Pensamento catastrofista**: Pessoas ansiosas tendem a ampliar pequenos problemas e a enxergar o pior cenário possível, o que mina a confiança na capacidade de lidar com desafios.
- **Isolamento social**: A ansiedade pode fazer com que as pessoas se afastem de suas redes de apoio social, o que agrava a sensação de vulnerabilidade e solidão.
- **Fadiga emocional**: A constante preocupação e estado de alerta esgotam os recursos emocionais, deixando a pessoa incapaz de se recuperar rapidamente de contratempos.

O impacto da ansiedade na resiliência pode ser ilustrado pela história de Michelle Obama. Em sua autobiografia *Minha história*, Michelle revela como a ansiedade sobre o futuro das filhas, as pressões políticas e as expectativas públicas afetaram sua saúde emocional. No entanto, ela também compartilha como aprendeu a gerenciar essa ansiedade por meio de práticas de autocuidado, terapia e ao se permitir delegar tarefas, recuperando sua resiliência emocional. Sua história demonstra que, mesmo diante de apreensões profundas, é possível reconstruir a resiliência com as estratégias corretas.

▶ A ansiedade como porta de entrada para a fragilidade

Quando não é gerida, a ansiedade se torna uma porta de entrada para a fragilidade emocional. Pessoas que são constantemente atormentadas por preocupações e medos se tornam incapazes de lidar com a incerteza e os desafios naturais da vida. A ansiedade cria um ciclo de *feedback* negativo: quanto mais a pessoa se sente incapaz de lidar com o estresse, mais ansiosa ela fica, e quanto mais ansiosa, menos capaz de enfrentar os desafios ela se torna. Um estudo conduzido pelo *National Institutes of Health* (NIH) revelou que a ansiedade crônica pode levar a uma redução significativa nas funções executivas do cérebro, como planejamento e tomada de decisões. O estudo também mostrou que pessoas com altos níveis de ansiedade têm 50% mais probabilidade de desenvolver transtornos relacionados ao esgotamento emocional, como a depressão, exacerbando ainda mais a fragilidade emocional.

▶ Reconstruindo a resiliência diante da ansiedade

A boa notícia é que a ansiedade, embora destrutiva, pode ser gerida e usada como uma oportunidade de reconstrução da resiliência. Ao reconhecer a presença da ansiedade e adotar estratégias eficazes para controlá-la, as pessoas podem, gradualmente, reverter seus efeitos debilitantes. É essencial que elas vejam a ansiedade não como uma fraqueza, mas como um sinal de que mudanças são necessárias – tanto no estilo de vida como nas expectativas ou nas abordagens emocionais.

Os cinco fatores que derrubam uma pessoa

- Exaustão emocional
- Ansiedade
- Autoexigência desmedida
- Cultura tóxica
- Isolamento social

O que derruba uma pessoa

Atividade

Dê uma nota de 0 a 10 para o seu grau de satisfação com sua capacidade de controlar estes fatores:

_____   Exaustão emocional

_____   Autoexigência desmedida

_____   Isolamento social

_____   Cultura tóxica

_____   Ansiedade

2. Compreendendo a resiliência

A resiliência, termo tão frequentemente invocado em tempos de crise, permanece, para muitos, envolto em mistério. Não é apenas uma palavra, mas um conceito que ecoa nas profundezas da alma humana, um atributo nato, embora frequentemente subestimado, que determina a capacidade de um indivíduo de se levantar das cinzas, como a proverbial fênix, quando tudo parece perdido. No entanto, antes de embarcarmos na jornada de construção desse traço tão essencial, é imperativo compreendê-lo em sua totalidade, em sua forma mais pura e intrincada.

A base biológica da resiliência

Para entender a resiliência, devemos primeiro nos aventurar no interior do corpo humano, onde as complexas interações entre células e neurotransmissores esculpem a fundação sobre a qual esse atributo se ergue. Imagine, caro leitor, o cérebro como um vasto campo de batalha onde, a cada instante, travam-se combates invisíveis. Aqui, o sistema límbico – o núcleo de nossas emoções mais primitivas – desempenha um papel central, agindo como o general que comanda as tropas de emoções e instintos.

A amígdala, pequena mas poderosa, atua como sentinela, sempre alerta a ameaças, reais ou imaginárias. Ela dispara, qual um alarme estridente, ao menor sinal de perigo, preparando o corpo para o combate ou para a fuga. No entanto, é no córtex pré-frontal, a região mais elevada e desenvolvida do cérebro, que reside a capacidade de responder com razão e reflexão. Aqui, temos a chave para a resiliência: a habilidade de balancear emoção e razão, de encontrar o equilíbrio entre a resposta imediata e a ação ponderada.

A resiliência não é, portanto, mera questão de força de vontade, mas de um diálogo constante entre diferentes partes do cérebro. É o resultado de uma dança harmoniosa entre a nossa herança biológica e a capacidade adquirida de moldar nossas respostas ao mundo.

Fatores psicológicos que influenciam a resiliência

Mas a biologia, por si só, não explica tudo. Devemos, agora, elevar nossa compreensão para os fatores psicológicos que influenciam a resiliência. Aqui, entramos no terreno das virtudes e dos traços de caráter. Autocontrole, otimismo, autoestima – palavras que, muitas vezes, ressoam como meros chavões, mas que são, de fato, os pilares sobre os quais a resiliência é edificada.

Imagine um ser humano enfrentando uma tempestade violenta. Ele pode sucumbir ao desespero, permitindo que o pavor o consuma. Ou, ao contrário, ele pode encontrar, nas profundezas de sua mente, uma centelha de esperança, uma convicção inabalável de que a tempestade passará e o Sol brilhará novamente. Esse otimismo não é cego; está enraizado em uma profunda compreensão da impermanência da adversidade.

O autocontrole, por sua vez, é a rédea que mantém nossas emoções a distância, impedindo que o medo e a ansiedade assumam o controle de nossas ações. É a capacidade de manter a cabeça erguida, o olhar fixo no horizonte, mesmo quando o chão sob nossos pés parece ceder. E a autoestima – essa joia frágil – é o reconhecimento do próprio valor, da dignidade inerente que cada ser humano possui, independentemente das circunstâncias.

O impacto das experiências de vida

No entanto, nenhum entendimento de resiliência seria completo sem considerar o papel das experiências de vida. O que é um ser humano, afinal, senão o produto de suas experiências, das cicatrizes que carrega, das batalhas que travou? Cada trauma, cada desafio enfrentado, molda a resiliência, como o ferreiro que forja o aço no calor da fornalha.

Alguns veem as adversidades como fardos insuportáveis, enquanto outros as encaram como oportunidades para crescimento. É aqui que a resiliência se manifesta em sua forma mais sublime: na capacidade de transformar dor em sabedoria, sofrimento em força. Cada experiência difícil, por mais devastadora que seja, pode ser a pedra angular sobre a qual construímos uma nova versão de nós mesmos, mais forte, mais sábia, mais resiliente.

Atividade

De 0 a 10, que nota de você dá para a sua resiliência?

Nota: _____

3. Inteligência emocional como alicerce

Se a resiliência é a estrutura que nos sustenta em tempos de adversidade, então a inteligência emocional é a base sólida sobre a qual essa estrutura é erguida. Imagine, uma árvore robusta e frondosa, capaz de resistir aos ventos mais violentos. Suas raízes, profundamente encravadas no solo, dão-lhe estabilidade e força. Essas raízes, invisíveis à superfície, são análogas à inteligência emocional – um sistema interno que, embora não visível a olho nu, é fundamental para a nossa capacidade de enfrentar e superar os desafios da vida.

Autoconsciência

Antes de podermos dominar nossas emoções, precisamos conhecê-las. É um princípio tão antigo quanto o próprio oráculo de Delfos: "Conhece-te a ti mesmo". No entanto, esse é um dos aspectos mais desafiadores da existência humana. Muitas vezes, somos estranhos para nós mesmos, reagindo a estímulos externos sem nunca parar para examinar o que se passa em nosso interior.

A autoconsciência é a chave que abre a porta para esse conhecimento profundo. Ela nos permite observar nossas emoções, como um observador imparcial que assiste a uma peça de teatro, entendendo as motivações, os desejos e os medos que impulsionam nossas ações. Pergunte-se: "O que estou realmente sentindo neste momento? Por que estou reagindo dessa maneira?". Essas perguntas simples, mas poderosas, são o início do caminho para a autoconsciência.

A figura a seguir apresenta oito emoções que se desdobram em outras duas, mostrando os movimentos que fazemos e que influenciam nossas energias. A roda das emoções amplia a leitura e o entendimento do que sentimos, proporcionando um melhor autoconhecimento.

Roda das emoções de Plutchnik

Modelo curvo em duas dimensões

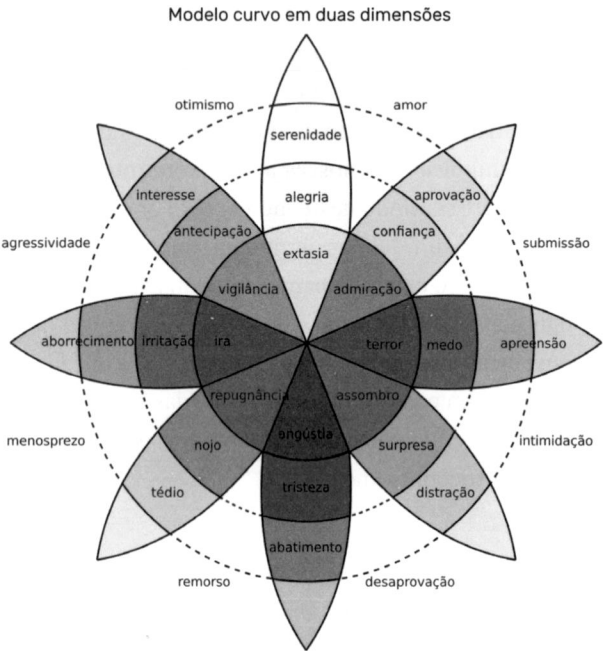

Modelo curvo em três dimensões

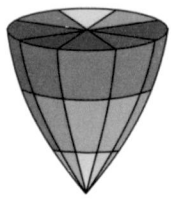

Atividade

Diário de emoções

Durante uma semana, reserve alguns minutos no final do dia para escrever sobre as emoções que você experimentou. Tente ser o mais específico possível. Ao identificar uma emoção, pergunte-se:

Emoção ─────────────────────────────
O que a desencadeou?
Como reagi?
O que isso revela sobre mim?

Ao final da semana, revisite suas anotações e procure por padrões ou *insights* de sua vida emocional.

Autorregulação emocional

Conhecer suas emoções é apenas o primeiro passo. A etapa seguinte, e talvez mais crucial, é aprender a regulá-las. Esse é o domínio do autocontrole, em que a tempestade interior é acalmada e as águas turbulentas de nossas emoções são serenadas.

A autorregulação não tem a ver com suprimir ou negar emoções – algo que seria, na melhor das hipóteses, ineficaz, e na pior, destrutivo. Em vez disso, trata-se de gerenciar as emoções, permitindo que elas fluam, mas de maneira controlada e produtiva. É como canalizar a força de um rio sem bloquear o seu curso, mas direcionando-o de modo que possa irrigar campos em vez de devastar aldeias.

Na final do US Open de 2015, Serena Williams enfrentou Roberta Vinci, uma adversária menos conhecida e muito abaixo dela no ranking da ATP. Williams estava a apenas dois jogos de completar o Grand Slam, uma façanha que não havia sido alcançada desde 1988. A pressão sobre a tenista norte-americana era imensa. Durante o jogo, ela enfrentou uma adversária determinada e começou a cometer erros não forçados. Em vez de permitir que a frustração a dominasse, Serena usou técnicas de autorregulação para se acalmar e retomar o foco.

Em entrevistas, Serena já afirmou que, em momentos de pressão, ela se concentra na respiração profunda e no controle de suas emoções, evitando explosões de raiva ou frustração que poderiam comprometer seu desempenho. Ela também usa mantras internos, repetindo a si mesma frases como "continue lutando" ou "apenas jogue o próximo ponto", que a ajudam a controlar o estresse e a se concentrar no presente.

Embora tenha perdido aquele jogo, seu uso da autorregulação foi evidente durante todo o torneio, mostrando que mesmo os melhores atletas do mundo precisam gerenciar suas emoções para se manter no topo de seu desempenho. Sua capacidade de manter a compostura e reagir aos altos e baixos dos jogos a ajudou a ganhar muitos outros títulos e manter sua posição como uma das maiores tenistas da história.

A exemplo de Serena Williams, qualquer pessoa pode praticar a autorregulação ao enfrentar desafios.

Atividade

Técnica dos cinco passos para a autorregulação
1. Identifique a emoção: nomeie a emoção que está sentindo.
2. Aceite-a: reconheça que essa emoção é natural e válida.
3. Respire: pratique a respiração profunda para acalmar seu sistema nervoso.
4. Reflita: descubra o que essa emoção está tentando lhe dizer.
5. Aja: tome uma ação consciente baseada em uma reflexão ponderada, não em uma reação impulsiva.

Empatia e relacionamentos saudáveis

A resiliência, embora frequentemente concebida como uma qualidade individual, não pode florescer em isolamento. Nós, humanos, somos criaturas sociais por natureza, e nossa capacidade de formar e manter conexões saudáveis é um pilar fundamental da nossa resiliência. A empatia – a capacidade de compreender e compartilhar os sentimentos dos outros – é o alicerce dessas conexões.

Empatia não é apenas um exercício de compaixão; é também uma ferramenta prática para a sobrevivência emocional. Ao compreender as emoções e as perspectivas alheias, criamos laços de apoio mútuo que podem ser inestimáveis em tempos de crise. Mais ainda, a empatia nos ajuda a ver além de nós mesmos, a perceber que nossos desafios, por mais difíceis que sejam, não são únicos, e que o suporte pode ser encontrado em lugares inesperados.

Quando Satya Nadella se tornou CEO, a Microsoft estava enfrentando grandes desafios culturais e de inovação. A empresa, outrora dominante no mercado, estava sendo superada por concorrentes como Google e Apple. O ambiente de trabalho também era descrito como altamente competitivo e com baixa colaboração entre as equipes. Nadella, em vez de impor uma série de mudanças de cima para baixo, decidiu adotar uma abordagem centrada nas pessoas, usando a *empatia* e a *escuta ativa* como suas principais ferramentas de liderança.

Ao assumir, ele começou a realizar reuniões com funcionários em diferentes níveis da empresa, dedicando tempo para ouvir genuinamente suas preocupações, ideias e frustrações. Nadella não apenas ouvia as palavras, mas se concentrava em entender o que estava por trás dos sentimentos expressos. Ele fazia perguntas abertas como "O que está funcionando bem para você?" e "Quais são os maiores desafios que você enfrenta no seu dia a dia?". Em vez de interromper ou oferecer soluções imediatas, o novo CEO permitia que os funcionários falassem livremente, mostrando que valorizava suas opiniões.

Essa abordagem de escuta ativa, em que o foco estava em entender profundamente a perspectiva dos funcionários sem julgamento, permitiu que ele identificasse problemas fundamentais dentro da cultura da Microsoft, como falta de colaboração e medo de falhar. Nadella percebeu que a empresa precisava de uma mudança de mentalidade – de uma cultura de competição interna para uma cultura de aprendizado e colaboração. Sua capacidade de se conectar emocionalmente com as pessoas, entendendo suas preocupações e respeitando suas vozes, foi o ponto de partida para a transformação cultural.

O Impacto da empatia com escuta ativa

Graças a essa abordagem, Satya Nadella conseguiu reformular a cultura da Microsoft. Ele implementou mudanças que incentivaram a colaboração, a inovação e a experimentação sem medo do erro. A empatia e a escuta ativa criaram um ambiente de trabalho mais inclusivo, onde as pessoas sentiam que suas opiniões eram valorizadas. Como resultado, a Microsoft não apenas se recuperou, mas também se tornou uma das empresas mais valiosas e inovadoras do mundo.

Atividade

Exercício de empatia com escuta ativa

Escolha uma pessoa com quem você interage regularmente (pode ser um colega de trabalho, um amigo ou um familiar).

Converse: Ao longo da conversa, concentre-se inteiramente no que a pessoa está dizendo, sem interrompê-la.

Pergunte: Faça perguntas que mostrem um interesse genuíno pelo que essa pessoa está compartilhando.

Resuma: Depois de ouvi-la, tente resumir o que a pessoa disse para garantir que entendeu tudo corretamente.

Reflita: Ao final, medite sobre como essa prática afetou sua percepção em relação à pessoa e como impactou a qualidade da conversa.

Motivação intrínseca

Por fim, chegamos à motivação – o combustível que mantém a chama da resiliência acesa. Aqui, não falamos da motivação externa, aquela que depende de recompensas ou reconhecimento alheio, mas da motivação intrínseca, aquela que nasce de dentro, alimentada pelos nossos valores e objetivos mais profundos.

A motivação intrínseca é o que nos impulsiona a continuar, mesmo quando as recompensas externas parecem escassas ou inexistentes. É sustentada por um senso de propósito, por uma compreensão clara de que nossas ações têm significado e valor, independentemente de resultados imediatos.

▶ Malala Yousafzai

Malala cresceu no vale do Swat, no Paquistão, onde o regime do Talibã impôs severas restrições à educação das meninas. Mesmo sendo uma jovem adolescente, ela era profundamente motivada por um desejo intrínseco de aprender e por seu valor inabalável de que todas as crianças, especialmente as meninas, deveriam ter o direito à educação. Sua motivação não vinha de recompensas externas ou de elogios, mas de uma convicção interna de que o acesso à educação é um direito humano fundamental.

Essa motivação intrínseca, alimentada por seus valores pessoais de justiça, igualdade e liberdade, a fez continuar a frequentar a escola e a falar publicamente contra o Talibã, mesmo sob ameaça de violência. Sua resiliência foi posta à prova de maneira brutal em 2012, quando foi baleada na cabeça por militantes do Talibã enquanto voltava da escola. A tentativa de assassinato foi um ataque direto aos valores que Malala defendia e à sua missão de promover a educação.

No entanto, em vez de ceder ao medo e à violência, Malala demonstrou uma notável resiliência. Sua recuperação física foi longa e dolorosa, mas seu compromisso com seu objetivo e seus valores nunca vacilou. Ela declarou: "Eles pensaram que as balas me silenciariam, mas falharam". Sua motivação intrínseca – o desejo profundo de lutar pela educação das meninas – foi o que a fez continuar, mesmo diante de uma adversidade tão severa.

Malala não foi motivada por fama, riqueza ou reconhecimento. Seu impulso veio de um propósito mais profundo, alinhado aos seus valores mais fundamentais. Essa combinação de motivação interna e convicção em seus princípios permitiu que ela enfrentasse desafios extremos com resiliência.

Hoje, Malala é uma voz global pela educação, e seu trabalho já impactou milhões de meninas ao redor do mundo. Ela transformou um evento traumático em uma plataforma para fortalecer ainda mais sua missão, mostrando que quando a motivação vem de dentro, a resiliência se torna quase inquebrável.

Como a motivação intrínseca e os valores fortalecem a resiliência

A motivação intrínseca – quando as pessoas são movidas por um desejo interno de alcançar algo que lhes é importante – é muito mais duradoura e forte do que a motivação extrínseca, que depende de recompensas externas (como dinheiro ou reconhecimento). E quando está alinhada aos valores pessoais, essa motivação cria uma base sólida de resiliência, pois o indivíduo passa a ter um propósito claro que o ajuda a suportar e superar adversidades.

▶ Por que isso fortalece a resiliência?
1. **Propósito claro**: A pessoa tem um senso de propósito que a ajuda a perseverar em momentos de dificuldade, pois está conectada a algo maior do que as circunstâncias temporárias.
2. **Maior satisfação**: A motivação intrínseca proporciona satisfação pessoal, independentemente do reconhecimento externo. Isso significa que, mesmo quando o caminho é difícil, há um prazer interno no processo, o que ajuda a pessoa a seguir em frente.
3. **Menos dependência de recompensas externas**: Quando as pessoas são movidas por valores internos, elas não desistem facilmente, porque não dependem de incentivos externos que podem desaparecer. Elas persistem porque acreditam no que estão fazendo.
4. **Adaptabilidade diante do fracasso**: Alinhados a valores, os indivíduos veem fracassos e obstáculos como parte de uma jornada maior e não como algo que deve interromper seu progresso. Isso os ajuda a se recuperar mais rapidamente das adversidades.

Atividade

Alinhamento de valores e objetivos

Liste seus valores fundamentais (honestidade, crescimento, compaixão etc.).

Identifique seus objetivos principais tanto no curto quanto no longo prazos.

Verifique: Avalie se seus objetivos estão alinhados com seus valores. Se não estiverem, como você pode adaptá-los?

Ajuste: Reorganize seus objetivos, se necessário, para garantir que eles espelhem seus valores.

Reflita: Pergunte-se como esse alinhamento pode fortalecer sua resiliência em momentos de desafio.

A resiliência não é um estado que se atinge, mas uma prática contínua, uma habilidade que se aprimora com o tempo e o esforço consciente. Ao cultivar a inteligência emocional, fortalecemos as raízes que nos permitirão crescer, florescer e resistir, independentemente das tempestades que possam vir.

4. Construindo resiliência cognitiva

Se o solo sobre o qual nossa resiliência repousa é a inteligência emocional, então o terreno que devemos cultivar é o de nossa mente, onde nossos pensamentos se enraízam e florescem. A resiliência cognitiva, por assim dizer, é o poder de moldar a própria mente para resistir aos ventos contrários da adversidade, transformando dificuldades em degraus para o crescimento.

A mente é, ao mesmo tempo, uma aliada poderosa e uma adversária temível. Aqueles que dominam seus pensamentos descobrem que, na quietude da reflexão, reside a força necessária para superar até os maiores desafios. Neste capítulo, vamos explorar como podemos fortalecer nossa resiliência cognitiva, não apenas para resistir, mas para prosperar.

Padrões de pensamento resiliente

A maneira como pensamos molda nossa realidade. Não são os eventos em si que determinam nosso destino, mas a interpretação que damos a eles. A mente resiliente é aquela que, diante de uma dificuldade, não se entrega ao pessimismo ou ao desespero, mas busca encontrar uma perspectiva construtiva.

Os padrões de pensamento resiliente incluem a capacidade de reavaliar situações com uma perspectiva positiva, de buscar lições em meio ao caos e de manter a esperança viva, mesmo nas circunstâncias mais sombrias. Isso não significa negar a realidade ou se esconder dos problemas, mas sim encará-los com uma atitude de aprendizado e crescimento.

Atividade

Reestruturação de pensamentos negativos
Identifique um pensamento negativo recorrente (exemplo: "Eu nunca consigo fazer nada certo").

Questione: Pergunte-se se esse pensamento é realmente verdadeiro. O que o evidencia e o que o contraria?

Reestruture: Substitua o pensamento negativo por uma afirmação mais equilibrada e realista (exemplo: "Eu posso aprender com meus erros e melhorar").

Pratique: Sempre que o pensamento negativo surgir, conscientemente substitua-o pelo novo padrão resiliente.

Reestruturação cognitiva

A reestruturação cognitiva é uma ferramenta poderosa que nos permite remodelar nossos pensamentos de forma consciente. Em vez de sermos escravos de nossos padrões mentais automáticos, podemos assumir o controle e reconfigurar nossa percepção da realidade.

Esse processo envolve reconhecer quando nossos pensamentos estão nos conduzindo a becos sem saída – aqueles momentos em que o pessimismo, a autocrítica ou o medo assumem o comando. A reestruturação cognitiva nos dá a oportunidade de virar o jogo, transformando pensamentos derrotistas em oportunidades de crescimento.

Atividade

Diário de reestruturação cognitiva
Escreva uma situação que gerou uma reação emocional negativa.
Identifique o pensamento automático que lhe ocorreu ao deparar com tal situação.
Reveja as evidências a favor e contra esse pensamento.
Reescreva o pensamento de uma maneira mais equilibrada e construtiva.
Reflita: Analise como essa nova perspectiva poderá mudar suas respostas emocional e comportamental na próxima vez que enfrentar uma situação semelhante.

Aceitação e compromisso

Às vezes, a resiliência não reside na capacidade de mudar nossas circunstâncias, mas na habilidade de aceitá-las e ainda assim seguir em frente. A aceitação não é sinônimo de resignação, mas de um entendimento profundo daquilo que está além de nosso controle. Ao aceitar o que não pode ser mudado, nós nos libertamos da carga do ressentimento e da frustração, permitindo que nossas energias sejam direcionadas para aquilo que realmente podemos influenciar.

No entanto, a aceitação deve ser acompanhada de um compromisso com nossos valores e objetivos. Mesmo em face de adversidades imutáveis, podemos continuar a agir de acordo com o que é importante para nós, mantendo nossa integridade e nosso propósito.

Atividade

Exercício de aceitação ativa

Identifique uma situação em sua vida que você considera imutável ou difícil de aceitar.

Reflita sobre o impacto dessa situação no seu cotidiano e como você tem reagido a ela.

Pratique a aceitação ao afirmar para si mesmo: "Eu aceito que isso é parte da minha realidade atual".

Comprometa-se com uma ação que esteja alinhada com seus valores, independentemente da situação (exemplo: "Mesmo diante desta dificuldade, continuarei a agir com compaixão e dedicação em meu trabalho").

Revisite esse compromisso regularmente para reforçar a aceitação e o foco nos valores.

Exercícios práticos

Até agora, exploramos o poder dos pensamentos e como podemos moldá-los para construir uma mente resiliente. Mas a teoria, por mais valiosa que seja, deve ser acompanhada da prática. Os exercícios que seguem têm o objetivo de transformar conhecimento em ação, permitindo que você aplique esses princípios em sua vida cotidiana.

▶ *Mindfulness*

Escolha um momento tranquilo do seu dia, como uma caminhada ou uma refeição.

Foque sua atenção completamente na experiência presente: nos sabores, sons, sensações e pensamentos que surgem.

Observe seus pensamentos sem os julgar ou se prender a eles. Deixe-os ir e vir como nuvens no céu.

Reflita sobre como essa prática de atenção plena pode ajudar a reduzir a reatividade emocional e aumentar a clareza mental.

▶ **Diário de gratidão**

Reserve alguns minutos ao final do dia para escrever três coisas pelas quais você é grato.

Reflita sobre o impacto positivo dessas coisas em sua vida.

Pratique a gratidão ativa ao expressar agradecimento diretamente às pessoas envolvidas, quando aplicável.

Revisite seu diário regularmente para reforçar um padrão de pensamento positivo e resiliente.

Ao fortalecer sua resiliência cognitiva, você estará se equipando para enfrentar os desafios da vida com uma mente afiada e um espírito inabalável. Por meio de práticas como reestruturação cognitiva, aceitação ativa e *mindfulness*, você pode transformar seus pensamentos em poderosas ferramentas de superação.

5. Resiliência emocional

Assim como uma árvore se fortalece com as tempestades que enfrenta, nossas emoções são o combustível que alimenta o motor da resiliência. Enquanto a mente pode traçar planos e a lógica pode ditar caminhos, são as emoções que nos impulsionam a agir, a resistir e a nos renovar. A resiliência emocional, portanto, é a arte de canalizar esse poder emocional de forma construtiva, transformando dores em lições e desafios em oportunidades.

Se no capítulo anterior exploramos o terreno fértil da mente, agora adentraremos a selva intrincada das emoções, onde o caminho para a resiliência é pavimentado não pela negação ou repressão, mas pelo reconhecimento, aceitação e transformação de nossas experiências emocionais.

O papel das emoções na resiliência

As emoções são, por natureza, voláteis e poderosas. Elas podem nos elevar a alturas inacreditáveis ou nos arrastar para os abismos mais profundos. No entanto, em vez de vê-las como inimigas a serem derrotadas, devemos aprender a compreendê-las e a trabalhar com elas. As emoções não são obstáculos no caminho da resiliência, mas os blocos de construção da mesma.

O medo, por exemplo, é uma emoção que muitas vezes é mal interpretada. Embora possa paralisar, também pode nos alertar para perigos reais e nos impulsionar a agir com cautela e prudência. A tristeza, por outro lado, nos convida a refletir sobre as perdas, mas também nos ensina a valorizar o que ainda temos e a cultivar empatia por aqueles que sofrem.

Atividade

Mapeamento emocional
1. **Escolha** uma situação recente em que você experimentou uma forte resposta emocional.
2. **Identifique** a emoção principal (medo, raiva, tristeza, alegria etc.) e quaisquer emoções secundárias.
3. **Mapeie** a sequência emocional: o que desencadeou a emoção, como ela evoluiu e como você reagiu.
4. **Reflita:** O que essa emoção estava tentando comunicar? Como você pode usar essa informação para responder de maneira mais resiliente no futuro?

Gerenciamento do estresse

O estresse é um visitante inevitável em nossa vida, especialmente em tempos de incerteza e mudança. No entanto, a maneira como lidamos com essa reação psicofisiológica determina se ela nos fortalecerá ou nos enfraquecerá. O gerenciamento eficaz do estresse é uma habilidade central para a resiliência emocional, permitindo-nos enfrentar as pressões da vida sem nos tornarmos suas vítimas.

Aprender a reconhecer os sinais de estresse em seu corpo e mente é o primeiro passo. A partir daí, podemos implementar estratégias práticas para reduzir sua intensidade e impacto, transformando o estresse de um fardo esmagador em um desafio manejável.

Atividade

Técnica de relaxamento progressivo
- **Encontre** um local tranquilo onde você não será interrompido.
- **Sente-se** ou deite-se confortavelmente, fechando os olhos.
- **Comece** a relaxar os músculos do corpo, começando pelos dedos dos pés e subindo gradualmente até a cabeça.
- **Respire** profundamente enquanto se concentra em liberar a tensão de cada parte do corpo.
- **Reflita**: Após completar o exercício, observe como seu corpo e mente se sentem. Faça isso regularmente para reduzir o acúmulo de estresse.

Práticas de autoempatia

Autoempatia é a capacidade de oferecer a si mesmo os mesmos cuidado, compreensão e compaixão que naturalmente ofereceríamos a um amigo em sofrimento. Em nossa sociedade orientada para o desempenho, muitas vezes somos nossos críticos mais severos. No entanto, a resiliência não pode florescer em solo árido; ela requer o solo rico da autoaceitação e da gentileza consigo mesmo.

Praticar autoempatia não significa se permitir a complacência, mas reconhecer que somos humanos, falíveis e dignos de compaixão. É essa autoempatia que nos permite levantar após uma queda, em vez de permanecer no chão, castigando-nos pelo erro.

Atividade

Diálogo interno positivo
- **Identifique** uma situação recente em que você foi excessivamente crítico consigo mesmo.
- **Reflita** sobre como você trataria um amigo que estivesse na mesma situação.
- **Escreva** uma resposta compassiva que você daria a esse amigo.
- **Pratique** direcionar essas palavras para si mesmo, reconhecendo suas próprias necessidades de compaixão e apoio.
- **Revise** este exercício sempre que sentir que está sendo muito duro consigo.

Exercícios práticos

Agora que exploramos a importância das emoções e a maneira como elas podem ser gerenciadas para fortalecer nossa resiliência, é hora de colocar esse conhecimento em prática. Os exercícios a seguir são projetados para ajudá-lo a desenvolver maior consciência emocional, a lidar com o estresse de maneira eficaz e a cultivar uma relação mais compassiva consigo.

▶ Meditação guiada de amor-próprio
- **Encontre** um lugar calmo e confortável onde você possa meditar sem interrupções.
- **Sente-se** em uma posição confortável, feche os olhos e respire profundamente.
- **Imagine** uma luz suave e calorosa que envolve todo o seu corpo, simbolizando amor e compaixão.
- **Repita** mentalmente frases como "Que eu possa ser feliz", "Que eu possa ser saudável", "Que eu possa ser seguro", "Que eu possa viver em paz".
- **Reflita**, após a meditação, sobre como se sente. Pratique esta meditação regularmente para fortalecer sua resiliência emocional.

▶ Jornal das emoções
- **Reserve** um tempo ao final do dia para registrar as emoções que experimentou.
- **Escreva** sobre as situações que desencadearam essas emoções e como você respondeu a elas.

- **Reflita** sobre como poderia ter respondido de maneira diferente, usando as técnicas de resiliência emocional que aprendeu.
- **Revise** suas anotações periodicamente para observar padrões e progressos em sua capacidade de gerenciar emoções.

6. Resiliência física

A mente e as emoções são frequentemente vistas como os principais campos de batalha da resiliência, mas não devemos subestimar o papel do corpo físico. O corpo e a mente estão intrinsecamente conectados, e aquilo que afeta um inevitavelmente repercute no outro. O corpo não é apenas um receptáculo para nossas emoções e pensamentos; é um parceiro ativo na construção da resiliência.

Neste capítulo, exploraremos como a saúde física contribui para a resiliência emocional e mental. Um corpo forte e bem cuidado pode sustentar a mente nas horas mais sombrias, assim como uma mente resiliente pode ajudar o corpo a se recuperar e a se fortalecer.

Corpo e mente conectados

A relação entre o corpo e a mente é uma dança delicada e intrincada. Quando estamos fisicamente bem, é mais fácil manter a clareza mental, a calma emocional e a capacidade de enfrentar desafios. Por outro lado, quando o corpo está enfraquecido ou dolorido, nossas emoções podem se tornar mais voláteis e nossos pensamentos mais sombrios.

Estudos mostram que o estresse crônico pode levar a uma série de problemas de saúde, incluindo doenças cardíacas, hipertensão e depressão. Por exemplo, uma pesquisa publicada no *Journal of the American Medical Association* (JAMA) demonstrou que indivíduos que experimentam altos níveis de estresse crônico têm um risco 50% maior de desenvolver doenças cardíacas em comparação com aqueles que gerenciam o estresse de maneira eficaz. Daí a importância de uma abordagem integrada, em que o cuidado com o corpo apoia a resiliência mental.

Pense na mente como o maestro de uma grande orquestra, na qual o corpo é um dos instrumentos mais fundamentais. Se o instrumento estiver desafinado ou danificado, a sinfonia será prejudicada, independentemente da habilidade do maestro. Da mesma forma, quando cuidamos de nosso corpo, estamos afinando esse instrumento, permitindo que ele desempenhe seu papel de apoio à nossa resiliência mental e emocional.

A conexão entre corpo e mente não é apenas teórica; é tangível e prática. A realização de exercícios físicos, a manutenção de uma dieta equilibrada e o sono adequado não são apenas questões de saúde, mas também de resiliência. Um corpo saudável fornece a energia e a estabilidade necessárias para que a mente funcione em seu melhor estado.

Sono e nutrição

O sono e a nutrição são os pilares invisíveis da resiliência. Embora frequentemente subestimados, esses processos desempenham um papel crucial em nossa capacidade de lidar com o estresse e de recuperar o equilíbrio após um período de adversidade.

O sono, em particular, é um restaurador natural, quando o corpo e a mente têm a oportunidade de se regenerar. Durante o sono, o cérebro processa emoções, consolida memórias e se prepara para o próximo dia. A falta de sono, por outro lado, deixa o corpo vulnerável ao estresse, enfraquece o sistema imunológico e prejudica a clareza mental.

Por exemplo, a Fundação Nacional do Sono, nos Estados Unidos, recomenda que adultos durmam entre sete e nove horas por noite para manter um bom estado de saúde. O estudo mostra que indivíduos que dormem menos de seis horas por noite têm 30% mais chances de desenvolver doenças crônicas como diabetes e hipertensão. Isso evidencia a relação direta entre sono e resiliência física e mental.

A nutrição, por sua vez, fornece o combustível que o corpo e a mente precisam para funcionar de maneira ideal. Uma dieta equilibrada, rica em nutrientes, não só mantém o corpo saudável, mas também apoia a função cerebral, estabiliza o humor e fortalece a capacidade do corpo de lidar com o estresse.

A verdadeira resiliência não pode existir sem esses pilares de suporte. Quando negligenciamos o sono e a nutrição, estamos, na verdade, minando a base sobre a qual toda a nossa resiliência se ergue.

Exercício físico como fonte de resiliência

O exercício físico é uma das ferramentas mais eficazes para construir resiliência. Não é apenas uma questão de manter o corpo em forma; o exercício regular fortalece o sistema cardiovascular, melhora a circulação, e ajuda a liberar endorfinas – as "substâncias químicas do bem-estar" que elevam o humor e reduzem o estresse.

Por exemplo, a Organização Mundial da Saúde (OMS) recomenda pelo menos 150 minutos de atividade física moderada por semana para adultos. Estudos indicam que o exercício pode reduzir os sintomas de depressão e ansiedade em até 30%. Além disso, pessoas que se exercitam regularmente relatam uma maior sensação de bem-estar e melhor capacidade de lidar com o estresse.

Ademais, o exercício ensina disciplina, perseverança e capacidade de lidar com desconfortos – qualidades que são diretamente transferíveis para a resiliência emocional e mental. Cada treino completado é uma vitória, uma prova de que somos capazes de superar desafios e de continuar avançando, mesmo quando as coisas ficam difíceis.

O movimento, sob qualquer forma, é vital para manter o equilíbrio entre o corpo e a mente. Pode ser uma caminhada tranquila na natureza, uma prática de ioga ou uma sessão intensa de levantamento de peso. O que importa é a regularidade e o comprometimento com o bem-estar físico, que, por sua vez, alimenta a resiliência geral.

Rotinas de autocuidado

O autocuidado é a prática de cuidar de si mesmo de maneira consciente e intencional, reconhecendo que nossa saúde física, mental e emocional requer atenção e nutrição. As rotinas de autocuidado não são indulgências, mas investimentos na construção e manutenção de nossa resiliência.

Essas rotinas podem variar de pessoa para pessoa, mas o objetivo é sempre o mesmo: criar espaços regulares em nossa vida para a renovação e recuperação. Pode ser tão simples quanto reservar um tempo para relaxar após um dia longo, ou tão estruturado quanto seguir um plano de treino semanal. O autocuidado é o antídoto para o desgaste e a exaustão, permitindo-nos recarregar e renovar nossas energias.

Um exemplo efetivo pode ser visto no aumento da prática de *mindfulness* e meditação entre profissionais de alta demanda. Empresas como Google e Apple incentivam seus funcionários a praticar *mindfulness* como forma de reduzir o estresse e aumentar a produtividade. Estudos mostram que a prática regular de *mindfulness* pode reduzir os níveis de cortisol, o hormônio do estresse, em até 30%.

A resiliência física não é apenas sobre força e resistência; é também sobre a capacidade de cuidar de si de maneira holística. Ao integrar o autocuidado em nossa vida, estamos criando um ciclo de fortalecimento e recuperação que sustenta todos os aspectos da resiliência.

7. Construindo resiliência relacional

A resiliência não é construída em isolamento. Embora as batalhas internas de pensamento e emoção sejam cruciais, a força real muitas vezes vem das conexões que estabelecemos com os outros. Nossas relações interpessoais – com amigos, familiares, colegas e comunidades – desempenham um papel vital na construção e sustentação da resiliência. Neste capítulo, exploraremos como essas conexões sociais contribuem para a resiliência, utilizando fatos, dados e exemplos práticos para ilustrar sua importância.

Redes de suporte social

As redes de suporte social são como uma teia que nos sustenta em tempos de crise. Ter pessoas em quem confiar, seja para compartilhar alegrias, seja para buscar apoio durante dificuldades, é um dos fatores mais significativos na resiliência individual. Pesquisas têm mostrado que as pessoas com redes sociais fortes são mais capazes de lidar com o estresse e têm uma saúde mental e física melhor do que aquelas que se sentem isoladas.

Por exemplo, um estudo publicado na American Journal of Psychiatry concluiu que adultos com redes de suporte social robustas têm um risco 50% menor de desenvolver depressão, mesmo diante de eventos estressantes significativos. Além disso, o estudo mostrou que o suporte social não apenas diminui a probabilidade de desenvolver distúrbios mentais, mas também acelera a recuperação quando os mesmos ocorrem.

Essas redes não precisam ser grandes, mas devem ser genuínas e confiáveis. Ter uma ou duas pessoas com quem você pode realmente contar pode ser mais valioso do que ter uma ampla rede de contatos superficiais. A qualidade das relações é mais importante do que a quantidade.

Um exemplo prático disso pode ser observado em comunidades de idosos que participam de grupos sociais regulares, como clubes de leitura ou grupos de caminhada. Estudos mostram que esses indivíduos têm níveis mais baixos de estresse e ansiedade e maior longevidade em comparação com aqueles que vivem isolados. Essas interações sociais regulares proporcionam uma sensação de pertencimento e propósito, que são fundamentais para a resiliência.

Comunicação assertiva

A comunicação é a base de qualquer relacionamento saudável, e a comunicação assertiva é a chave para construir e manter essas conexões. A comunicação assertiva envolve expressar pensamentos, sentimentos e necessidades de maneira clara e respeitosa, ao mesmo tempo que requer escutar e respeitar os outros.

A assertividade não é agressiva, nem passiva. É o equilíbrio que permite que as relações floresçam, garantindo que todas as partes envolvidas se sintam ouvidas e valorizadas. Em um estudo publicado no *Journal of Occupational Health Psychology*, descobriu-se que a comunicação assertiva no local de trabalho está associada a níveis mais baixos de estresse e *burnout* entre os funcionários, além de melhorar o desempenho e a satisfação profissionais.

Por exemplo, em ambientes de trabalho, líderes que adotam uma comunicação assertiva tendem a criar equipes mais coesas e resilientes. Um estudo de caso com a empresa Google revelou que times em que a comunicação era clara e assertiva tinham um desempenho superior em 20% em comparação com equipes em que a comunicação era ambígua ou passiva. Isso não só melhora a eficiência, mas também fortalece a resiliência da equipe diante de desafios.

Limites saudáveis

Estabelecer limites saudáveis é essencial para manter a resiliência relacional. Limites claros permitem que as pessoas protejam seu espaço pessoal e emocional, evitando o esgotamento e a sobrecarga. Ao definir limites, estamos, na verdade, preservando nossa capacidade de nos relacionar com os outros de maneira positiva e sustentável.

Dados mostram que indivíduos que estabelecem e mantêm limites claros em suas relações têm menores índices de ansiedade e depressão. Um estudo publicado na *Journal of Marital and Family Therapy* revelou que casais que estabelecem limites saudáveis em suas relações reportam maior satisfação conjugal e menor conflito. Isso demonstra como limites adequados não afastam as pessoas, mas fortalecem as relações, criando um ambiente de respeito mútuo.

Um exemplo real desse conceito pode ser observado em profissionais que, ao implementar limites claros entre vida pessoal e trabalho, experimentam uma redução significativa no estresse e um aumento na qualidade de vida. Empresas como a Volkswagen, por exemplo, implementaram políticas que limitam o envio de e-mails fora do horário de trabalho, o que resultou em maior bem-estar dos funcionários e menor incidência de *burnout*.

Exercícios práticos para fortalecer as relações

Embora este capítulo privilegie dados e exemplos, é útil considerar algumas abordagens práticas para fortalecer a resiliência relacional.

- **Pratique a empatia ativa**: Em conversas, tente se colocar no lugar do outro, ouvindo não apenas as palavras, mas observando as emoções subjacentes. Isso fortalece o vínculo e melhora a comunicação.
- **Reserve tempo para conexões**: Mantenha contato regular com amigos e familiares, mesmo quando a vida fica

muito atarefada. Essas conexões frequentes mantêm o suporte social ativo.
- Desenvolva rotinas de *check-in*: No trabalho ou em casa, estabeleça momentos regulares para discutir abertamente com seu parceiro como cada um está se sentindo e o que pode ser melhorado na relação. Isso ajuda a prevenir pequenos problemas de se tornarem grandes conflitos.

Técnicas para aprimorar as relações humanas

▶ 1. Escuta ativa

A escuta ativa é uma técnica de comunicação em que o ouvinte se envolve completamente na conversa, prestando atenção não apenas nas palavras, mas também nas emoções e intenções subjacentes.

Aplicação
- **Concentre-se** na pessoa que está falando, evitando distrações.
- **Reflita** sobre o que foi dito, repetindo em suas próprias palavras para confirmar a compreensão (exemplo: "O que você está dizendo é que se sentiu...").
- **Faça perguntas** abertas que incentivem o outro a compartilhar mais (exemplo: "Como isso fez você se sentir?").
- **Valide** as emoções do outro, mostrando empatia (exemplo: "Entendo que isso deve ter sido muito difícil para você").

Benefícios
Fortalece o vínculo interpessoal, melhora a comunicação e promove maior compreensão mútua.

▶ 2. *Feedback* construtivo

O *feedback* construtivo é uma forma de comunicação assertiva em que você expressa opiniões, críticas ou elogios de maneira que o outro possa aceitar e aprender com eles, sem se sentir atacado.

Aplicação
- **Seja específico**: Em vez de generalizações, foque comportamentos ou situações específicas (exemplo: "Notei que você me interrompeu várias vezes na reunião").
- **Use "eu" em vez de "você"**: Isso evita que o *feedback* soe como um ataque (exemplo: "Eu me sinto desvalorizado quando sou interrompido" em vez de "Você sempre me interrompe").
- **Ofereça sugestões**: Proponha soluções ou alternativas para melhorar a situação (exemplo: "Talvez possamos esperar até que a outra pessoa termine de falar antes de dar a nossa opinião").
- **Equilibre**: Combine o *feedback* positivo com o construtivo, para que a pessoa sinta que seus esforços também são reconhecidos.

Benefícios
Melhora a comunicação e a colaboração, reduz conflitos e promove um ambiente de crescimento mútuo.

▶ 3. Estabelecimento de limites
Essa técnica envolve a definição clara de suas necessidades e limites pessoais ou profissionais, de forma respeitosa e assertiva.

Aplicação
- **Identifique seus limites**: Entenda o que você pode ou não aceitar em termos de tempo, energia e espaço pessoal ou emocional.
- **Comunique claramente**: Expresse seus limites de maneira direta, mas respeitosa (exemplo: "Preciso que os e-mails de trabalho sejam enviados apenas durante o horário de expediente").
- **Mantenha consistência**: Seja consistente na aplicação dos limites para evitar confusão ou desrespeito.
- **Respeite os limites dos outros**: Assim como você espera que seus limites sejam respeitados, faça o mesmo com os limites dos outros.

Benefícios
Ajuda a prevenir o esgotamento, mantém relações saudáveis e promove o respeito mútuo.

▶ 4. Mediação de conflitos

A mediação é uma técnica para resolver conflitos de forma colaborativa, quando uma terceira parte neutra pode facilitar a comunicação entre os envolvidos.

Aplicação
- **Escuta neutra**: O papel do mediador é ouvir ambas as partes sem tomar partido.
- **Identificação dos pontos em comum**: Busque encontrar interesses ou objetivos compartilhados que possam servir como base para a resolução do conflito.
- **Negociação colaborativa**: Incentive as partes a trabalhar juntas para encontrar uma solução aceitável para todos.
- **Documentação de acordos**: Registre o que foi acordado para garantir que todos os envolvidos cumpram o combinado.

Benefícios
Resolve conflitos de maneira pacífica, fortalece relacionamentos e promove a cooperação.

▶ 5. Empatia cognitiva

Empatia cognitiva é a habilidade de entender a perspectiva e as emoções dos outros sem necessariamente compactuar com elas.

Aplicação
- **Coloque-se no lugar do outro**: Tente ver a situação pela perspectiva da outra pessoa (exemplo: "Como eu me sentiria se estivesse na situação dela?").
- **Reconheça a emoção sem precisar senti-la**: Compreenda o que o outro está passando, mesmo que você não sinta a mesma coisa (exemplo: "Posso ver que você está frustrado, mesmo que eu não me sinta da mesma maneira").
- **Responda de forma compassiva**: Use essa compreensão para validar os sentimentos do outro (exemplo: "Entendo que isso deve ter sido difícil para você, como posso ajudar?").

Benefícios

Melhora a compreensão e as relações interpessoais, reduz mal-entendidos e fortalece a resiliência emocional em situações sociais.

8. Resiliência em ambientes de trabalho

O ambiente de trabalho é um dos cenários mais desafiadores, onde a resiliência é constantemente testada. Mudanças inesperadas, prazos apertados, conflitos entre colegas e a pressão para alcançar resultados são apenas alguns dos fatores que podem estressar até os profissionais mais experientes. No entanto, é justamente nesse cenário que a resiliência se revela não apenas uma habilidade útil, mas uma verdadeira força motriz para o sucesso.

Neste capítulo, vamos explorar como a resiliência pode ser cultivada e aplicada no ambiente de trabalho. Por meio de dados, exemplos reais e *insights* práticos, veremos como a resiliência não só ajuda a sobreviver aos desafios do trabalho, mas também a prosperar e a se destacar.

A importância da resiliência no trabalho

Resiliência no ambiente de trabalho não tem a ver apenas com suportar o estresse; trata-se de adaptar-se, aprender e crescer diante das adversidades. Estudos mostram que profissionais resilientes são mais engajados, produtivos e satisfeitos com seu trabalho. Por exemplo, uma pesquisa conduzida pela American Psychological Association (APA) revelou que indivíduos com alta resiliência têm 31% mais satisfação no trabalho e 25% menos probabilidade de sair de suas posições em comparação com seus colegas menos resilientes.

Além disso, a resiliência está ligada à inovação. Empresas que cultivam uma cultura de resiliência tendem a ser mais criativas e adaptáveis. Um estudo publicado no *Harvard Business Review* descobriu que equipes resilientes são 50% mais propensas a sugerir novas ideias e a implementar melhorias em processos, em comparação com equipes que não têm um forte senso de resiliência.

Exemplos inspiradores de resiliência no trabalho

Histórias de resiliência no trabalho podem ser poderosas fontes de inspiração. Vamos considerar alguns exemplos notáveis de como a resiliência pode transformar não apenas carreiras, mas também empresas inteiras.

Steve Jobs e o renascimento da Apple: Um dos exemplos mais icônicos de resiliência no mundo dos negócios é o de Steve Jobs. Após ser demitido da Apple, a empresa que ele cofundou, Jobs poderia ter sucumbido ao fracasso. No entanto, ele usou essa experiência como uma oportunidade de crescimento. Fundou a NeXT e a Pixar, ambas de grande sucesso.

Posteriormente, Jobs retornou à Apple e, sob sua liderança, a empresa não apenas se recuperou, mas se tornou uma das mais valiosas do mundo. Sua resiliência pessoal foi crucial para o renascimento da Apple, demonstrando como enfrentar e superar adversidades pode levar a conquistas ainda maiores.

Howard Schultz e a transformação da Starbucks: Howard Schultz, ex-CEO da Starbucks, enfrentou inúmeros desafios ao transformar a empresa de uma pequena cadeia de cafés em uma gigante global. No auge da crise econômica de 2008, a Starbucks estava à beira do colapso. Schultz voltou ao cargo de CEO e implementou mudanças drásticas, como fechar lojas deficitárias e focar a qualidade em vez de quantidade. Sua capacidade de tomar decisões difíceis e manter a visão de longo prazo salvou a empresa. Hoje, a Starbucks é sinônimo de café de qualidade em todo o mundo, e a resiliência de Schultz foi fundamental para essa transformação.

J. K. Rowling e a persistência criativa: Antes de se tornar uma das autoras mais bem-sucedidas do mundo, J. K. Rowling enfrentou uma série de rejeições por parte de editoras que se recusaram a publicar *Harry Potter*. Durante esse período, ela estava desempregada, vivendo de benefícios sociais e criando sua filha como mãe solteira. Em vez de desistir, Rowling persistiu. Sua resiliência foi recompensada quando finalmente conseguiu publicar seu livro, que se tornou um fenômeno mundial. A história de Rowling é um testemunho do poder da resiliência criativa e da perseverança diante das adversidades.

Construindo uma cultura de resiliência no trabalho

Não apenas indivíduos podem ser resilientes; as organizações como um todo também podem cultivar a resiliência. Isso começa com a criação de uma cultura que valoriza a adaptação, a aprendizagem contínua e o apoio mútuo.

Adoção de *mindset* de crescimento: Empresas que promovem um *mindset* de crescimento incentivam seus funcionários a ver desafios como oportunidades de aprendizagem, em vez de ameaças. A Microsoft, sob a liderança de Satya Nadella, adotou esse *mindset* como parte central de sua cultura corporativa. A empresa passou de uma mentalidade fixa para uma de crescimento, em que erros são vistos como oportunidades para inovação. Isso não apenas ajudou a revitalizar a Microsoft como também tornou seus funcionários mais resilientes e preparados para enfrentar mudanças rápidas no setor de tecnologia.

Programas de apoio ao funcionário: Oferecer suporte emocional e psicológico aos funcionários pode ser uma maneira eficaz de promover resiliência. Empresas como a PwC (PricewaterhouseCoopers) implementaram programas de bem-estar que incluem suporte à saúde mental, treinamento de resiliência e flexibilidade no trabalho. Esses programas têm demonstrado eficácia em reduzir o *burnout* e aumentar a produtividade dos funcionários, comprovando que o investimento na resiliência dos colaboradores é também um investimento no sucesso da empresa.

Liderança empática: Líderes que demonstram empatia e compreensão pelos desafios enfrentados por suas equipes podem fortalecer a resiliência organizacional. Um estudo da Gallup descobriu que equipes lideradas por gestores empáticos têm 59% menos probabilidade de experimentar *burnout* e 27% mais probabilidade de se sentir engajadas em seu trabalho. Isso sugere que a empatia é um componente-chave para construir resiliência no ambiente corporativo.

Resiliência como um diferencial competitivo

A resiliência no trabalho não é apenas uma habilidade útil; é um diferencial competitivo. Em um mercado globalizado, onde as mudanças são rápidas e muitas vezes imprevisíveis, as organizações e indivíduos que conseguem se adaptar rapidamente, aprender com os desafios e se recuperar de contratempos têm uma vantagem significativa.

Por exemplo, durante a pandemia de Covid-19, empresas que já haviam investido em resiliência organizacional – por meio de tecnologias digitais, trabalho remoto e apoio ao bem-estar dos funcionários – foram capazes de se ajustar mais rapidamente às novas realidades e, em muitos casos, emergiram mais fortes do que antes. Um estudo da McKinsey &

Company revelou que essas empresas não apenas sobreviveram como também superaram as concorrentes em termos de crescimento e lucro durante a crise.

9. Resiliência em situações de crise

Crises, sejam elas pessoais, coletivas ou globais, testam nossa resiliência de maneiras que, em tempos normais, nem sempre percebemos. Essas situações podem surgir de repente, trazendo consigo uma onda de incerteza, medo e desafio. No entanto, é justamente nesses momentos que a resiliência se torna não apenas uma ferramenta de sobrevivência, mas um catalisador para o crescimento e a transformação.

Resiliência em crises pessoais

Crises pessoais, como a perda de um ente querido, divórcio ou problemas de saúde graves, são experiências profundamente desestabilizadoras. Situações como essas desafiam nossa capacidade de manter a compostura, de encontrar um sentido em meio ao caos, e de continuar avançando.

De acordo com a Associação Americana de Psicologia (APA), indivíduos que conseguem encontrar algum significado ou propósito em suas crises pessoais são mais propensos a se recuperar emocionalmente e a seguir em frente. Estudos mostram que 74% das pessoas que passaram por uma crise pessoal significativa relatam que, embora o evento tenha sido difícil, também levou a um crescimento pessoal e maior resiliência.

Um exemplo notável de resiliência em uma crise pessoal é o da autora Elizabeth Gilbert, conhecida pelo seu livro *Comer, rezar, amar*. Após o divórcio e o colapso de seu relacionamento subsequente, Gilbert passou por um período de grande sofrimento emocional. No entanto, ela usou essa crise como uma oportunidade para introspecção e autodescoberta, o que a levou a escrever um dos livros mais vendidos e transformadores de sua carreira. Sua história é um testemunho de como crises pessoais podem ser reconfiguradas como pontos de partida para novas jornadas de crescimento.

▶ Técnica prática: Redefinição positiva
- **Identificar o evento estressor**: Clarifique qual é a crise que está enfrentando.
- **Refletir sobre os aprendizados**: Pergunte-se o que pode aprender ou ganhar com essa experiência.
- **Redefinir a situação**: Tente ver o evento sob uma nova luz, como uma oportunidade de crescimento.
- **Aplicar os aprendizados**: Identifique ações concretas que pode tomar para aplicar esses novos aprendizados em sua vida.

Resiliência coletiva em crises globais

Crises globais, como pandemias, desastres naturais e conflitos internacionais, exigem um tipo diferente de resiliência: a resiliência coletiva. Nesses momentos, a capacidade de uma comunidade ou sociedade de se unir, adaptar-se e superar o desafio é fundamental para a sobrevivência e recuperação. Durante a pandemia de Covid-19, estudos mostraram que comunidades com forte coesão social e uma cultura de ajuda mútua tiveram melhores resultados em termos de saúde mental e recuperação econômica. Por exemplo, uma pesquisa publicada na *The Lancet* revelou que países que incentivaram o apoio comunitário e implementaram programas de saúde mental tiveram uma taxa de recuperação mais rápida e menos impactos negativos de longo prazo na saúde pública.

Um exemplo de resiliência coletiva pode ser visto no Japão após o terremoto e tsunami de 2011. A resposta da população japonesa foi marcada por um alto nível de disciplina, cooperação e ajuda mútua, conhecida como *gaman* – a capacidade de suportar o sofrimento com paciência e dignidade. As comunidades locais, apesar das enormes perdas, conseguiram se reorganizar rapidamente, com voluntários e organizações civis liderando os esforços de reconstrução. Esse exemplo destaca como a resiliência coletiva pode emergir diante de uma catástrofe global.

▶ **Técnica prática: Mobilização comunitária**
- **Criar redes de apoio**: Organize grupos de apoio comunitário para compartilhar recursos e informações.

- **Incentivar o voluntariado**: Envolva os membros da comunidade em ações de ajuda mútua e suporte aos mais vulneráveis.
- **Comunicar com efetividade**: Estabeleça canais de comunicação claros para manter todos informados e conectados.
- **Celebrar as pequenas vitórias**: Reconheça e celebre os esforços e conquistas da comunidade durante a crise.

Planejamento e prevenção: preparando-se para o inesperado

Embora nem todas as crises possam ser previstas, estar preparado para o inesperado é uma marca de resiliência. A preparação não elimina a crise, mas reduz seu impacto e acelera a recuperação. De acordo com a Federal Emergency Management Agency (FEMA) dos Estados Unidos, famílias e empresas que preparam planos de emergência têm uma taxa de recuperação 40% mais rápida após desastres naturais em comparação com aquelas que não estão preparadas. Isso demonstra a importância de investir tempo e recursos na preparação antecipada. Após o furacão Katrina em 2005, a cidade de Nova Orleans implementou um plano abrangente de preparação para desastres, incluindo a melhoria de sistemas de alerta precoce e a construção de infraestruturas mais resilientes. Quando o furacão Ida atingiu a região em 2021, embora o impacto tenha sido significativo, a resposta foi muito mais eficaz, com menos perda de vidas e danos materiais. A resiliência construída por meio de planejamento e prevenção fez toda a diferença.

▶ **Técnica prática: Plano de contingência**
- **Identificar possíveis crises**: Liste os tipos de crise que você ou sua organização podem enfrentar.
- **Desenvolver um plano de ação**: Para cada tipo de crise, crie um plano detalhado de como responder (exemplo: rotas de evacuação, contatos de emergência, protocolos de comunicação).
- **Treinar e revisar**: Realize simulações regulares para garantir que todos estejam familiarizados com o plano e revisem-no periodicamente para ajustes necessários.
- **Manter kits de emergência**: Certifique-se de que recursos essenciais (como alimentos, água, remédios) estejam disponíveis e acessíveis.

Resiliência pós-crise: oportunidades de crescimento

Após a crise, a resiliência continua a desempenhar um papel crucial. É no período pós-crise que as oportunidades de reconstrução e crescimento se tornam mais claras, e quando a verdadeira transformação pode ocorrer. Pesquisas mostram que indivíduos e organizações que investem em resiliência pós-crise tendem a crescer mais rápido e de forma mais sustentável. Um estudo da McKinsey & Company descobriu que empresas que adotaram estratégias de resiliência após a crise financeira de 2008 foram capazes de aumentar seus lucros em média 10% mais rápido do que aquelas que simplesmente retornaram ao "*status quo*". A cidade de Christchurch, na Nova Zelândia, após o devastador terremoto de 2011, não apenas reconstruiu sua infraestrutura, mas também aproveitou a oportunidade para redesenhar a cidade com foco em sustentabilidade e resiliência a futuros desastres. O processo de reconstrução foi uma oportunidade para a cidade emergir mais forte, mais segura e mais preparada para enfrentar futuros desafios.

▶ **Técnica prática: Revisão e crescimento**
- **Refletir sobre a crise**: Analise o que ocorreu, como foi gerido e quais foram os resultados.
- **Identificar lições aprendidas**: Liste os principais aprendizados da crise.
- **Aplicar os aprendizados**: Desenvolva estratégias para implementar esses aprendizados em sua vida pessoal ou organização.
- **Planejar o futuro**: Use as lições aprendidas para melhorar a preparação para futuras crises e para promover crescimento contínuo.

Seja em crises pessoais, seja em coletivas, a resiliência nos ajuda a enfrentar o inesperado, a superar os desafios e a emergir mais fortes. A preparação, a resposta eficaz e a capacidade de crescer após a crise são as chaves para transformar adversidades em oportunidades de transformação.

10. Mantendo a resiliência ao longo do tempo

A resiliência não é uma qualidade estática; é dinâmica e deve ser cultivada continuamente ao longo da vida. Depois de enfrentar uma crise ou superar um desafio significativo, a tendência natural é sentir-se aliviado e talvez até complacente. No entanto, a verdadeira resiliência é sustentada por um compromisso constante com o crescimento pessoal e a adaptação. Neste capítulo, exploraremos como manter e fortalecer a resiliência ao longo do tempo, utilizando dados, exemplos inspiradores e técnicas práticas.

A natureza dinâmica da resiliência

Resiliência não é algo que se conquista de uma vez por todas; é um processo contínuo. Assim como um músculo precisa ser exercitado para permanecer forte, a resiliência também deve ser nutrida e reforçada ao longo do tempo. Esse processo envolve adaptação a novas circunstâncias, reflexão sobre experiências passadas e preparação para futuros desafios.

Um estudo publicado no *Journal of Personality and Social Psychology* descobriu que a resiliência tende a flutuar ao longo da vida, influenciada por fatores como idade, saúde e ambiente. Pessoas que mantêm práticas regulares de autocuidado, aprendizado contínuo e manutenção de redes sociais saudáveis têm 40% mais probabilidade de preservar altos níveis de resiliência ao longo da vida.

Nelson Mandela é um exemplo notável de resiliência mantida ao longo do tempo. Durante seus 27 anos de prisão, Mandela não apenas resistiu à adversidade, mas também usou esse tempo para se educar e refletir sobre a situação de seu país. Ao sair da prisão, em vez de buscar vingança, ele promoveu a reconciliação e a construção de uma nova nação. Sua resiliência, longe de diminuir ao longo dos anos, foi reforçada por sua contínua adaptação, reflexão e compromisso com seus valores.

▶ Técnica prática: Reflexão regular e ajuste

- **Agendar momentos de reflexão**: Reserve tempo regularmente (mensal ou trimestralmente) para refletir sobre os desafios enfrentados e como você respondeu a eles.
- **Avaliar a resiliência**: Pergunte-se como sua resiliência foi testada recentemente e se houve áreas em que você poderia ter sido mais resiliente.
- **Ajustar as práticas**: Com base na reflexão, faça ajustes em sua rotina de autocuidado, em suas redes de suporte ou estratégias de enfrentamento para fortalecer sua resiliência.

- **Estabelecer novos objetivos**: Defina metas para continuar desenvolvendo sua resiliência em novas áreas da vida.

Reflexão e crescimento pessoal

A reflexão é uma ferramenta poderosa para manter a resiliência. Quando refletimos sobre nossas experiências, somos capazes de identificar padrões, aprender com nossos erros e celebrar nossas conquistas. Essa prática não só reforça a resiliência, mas também promove o crescimento pessoal contínuo. Pesquisas indicam que pessoas que praticam a reflexão regular têm níveis mais altos de bem-estar e são mais capazes de lidar com o estresse. Um estudo da *Harvard Business School* descobriu que funcionários que passaram quinze minutos no final de cada dia refletindo sobre o que aprenderam tiveram um aumento de 23% em seu desempenho em comparação com aqueles que não praticaram a reflexão.

Maya Angelou, a célebre escritora e ativista, era uma ferrenha defensora da reflexão contínua. Ao longo de sua vida, ela enfrentou inúmeras adversidades, incluindo pobreza, racismo e abuso. No entanto, Angelou usou essas experiências como fonte de aprendizado e crescimento. Ela refletia regularmente sobre suas experiências, usando essa introspecção para alimentar sua escrita e seu ativismo. Sua capacidade de transformar dor em poder é um exemplo inspirador de resiliência por meio da reflexão.

- ▶ **Técnica prática: Diário de reflexão**
  - **Escolher um horário regular**: Reserve um tempo todos os dias ou semanas para escrever em seu diário.
  - **Refletir sobre os desafios recentes**: Escreva sobre os desafios que enfrentou, como reagiu e o que aprendeu.
  - **Identificar padrões**: Observe se há padrões em suas respostas aos desafios e o que isso pode indicar sobre sua resiliência.
  - **Planejar ações futuras**: Com base em suas reflexões, identifique ações que você pode tomar para melhorar sua resiliência no futuro.

O papel da esperança e do otimismo

Esperança e otimismo são componentes cruciais para manter a resiliência ao longo do tempo, permitindo-nos ver além das dificuldades imediatas e acreditar em um futuro melhor. Pessoas resilientes tendem a cultivar uma visão positiva da vida, focando possibilidades e soluções, em vez de problemas e obstáculos. Um estudo realizado pela Mayo Clinic descobriu que indivíduos otimistas têm uma expectativa de vida significativamente maior e são 50% menos propensos a sofrer de doenças cardiovasculares em comparação com aqueles que têm uma visão negativa da vida. Isso sugere que o otimismo não só melhora a saúde mental, mas também tem um impacto positivo na saúde física.

Viktor Frankl, psiquiatra e sobrevivente do Holocausto, ilustrou o poder da esperança e do otimismo em sua obra *Em busca de sentido*. Durante seu tempo nos campos de concentração, Frankl manteve uma visão de que, apesar das condições horríveis, ele poderia encontrar significado em seu sofrimento. Essa perspectiva não só o ajudou a sobreviver, mas também formou a base de sua filosofia de logoterapia, que ajudou milhões de pessoas a encontrar propósito em meio ao sofrimento. Frankl acreditava que, ao escolher nossas atitudes, podemos manter a esperança e o otimismo mesmo nas piores circunstâncias.

▶ Técnica prática: Cultivo do otimismo
- **Praticar a gratidão**: Todos os dias, anote três coisas pelas quais você é grato. Isso ajuda a focar as coisas boas da vida.
- **Visualizar o sucesso**: Reserve um tempo para imaginar os resultados positivos de suas ações e decisões futuras.
- **Reenquadrar os desafios**: Quando enfrentar uma dificuldade, pergunte-se como ela pode ser uma oportunidade disfarçada.
- **Cercar-se de pessoas positivas**: Relacione-se com pessoas que cultivam otimismo e que inspiram você a manter uma visão positiva da vida.

Práticas de manutenção da resiliência

Para garantir que a resiliência continue a crescer ao longo do tempo, é fundamental estabelecer práticas regulares de manutenção. Essas práticas podem variar de atividades físicas e mentais até interações sociais que sustentem e reforcem a resiliência. De acordo com um relatório da American Psychological Association, práticas regulares de manutenção, como exercício físico, meditação e socialização, estão associadas a uma resiliência maior e mais sustentada. Indivíduos que incorporam essas práticas em sua rotina diária relatam uma redução de 30% nos níveis de estresse e uma melhoria de 20% na qualidade de vida.

Jane Fonda, atriz e ativista, é um exemplo de alguém que manteve a resiliência ao longo de décadas. Em sua autobiografia, Fonda descreve como práticas regulares de exercício físico, meditação e envolvimento social a ajudaram a enfrentar desafios pessoais e profissionais. Mesmo octogenária, Fonda continua ativa e engajada, demonstrando que a resiliência pode ser mantida e até fortalecida com o tempo, por meio de práticas consistentes.

▶ **Técnica prática: Rotina de resiliência**
- **Incorporar o exercício físico**: Inclua atividade física regular em sua rotina, como caminhada, ioga ou musculação.
- **Praticar a meditação**: Dedique alguns minutos por dia à meditação ou a práticas de *mindfulness* para acalmar a mente e reforçar a resiliência emocional.
- **Manter conexões sociais**: Reserve tempo para socializar com amigos e familiares, fortalecendo suas redes de suporte.

- **Revisar metas**: Regularmente, reveja e ajuste suas metas de vida para garantir que elas continuem a refletir seus valores e prioridades atuais.
- **Celebrar pequenas vitórias**: Reconheça e celebre os pequenos sucessos ao longo do caminho para manter a motivação e o impulso.

11. Antifragilidade em ambientes de trabalho

No mundo dinâmico e muitas vezes imprevisível dos negócios, a resiliência é essencial para a sobrevivência. No entanto, há um conceito que vai além da resiliência e pode transformar a maneira como indivíduos e organizações lidam com a incerteza: a antifragilidade. Introduzido pelo filósofo e escritor Nassim Nicholas Taleb em seu livro *Antifrágil: coisas que se beneficiam com o caos*, a antifragilidade descreve a capacidade não apenas de resistir ao choque e ao estresse, mas de prosperar e se fortalecer por causa deles.

Enquanto a resiliência é a capacidade de voltar ao estado original após uma perturbação, a antifragilidade sugere que, em vez de simplesmente voltar ao estado anterior, uma organização ou indivíduo pode melhorar devido à exposição ao estresse e ao caos. Este adendo explora como o conceito de antifragilidade pode ser aplicado em ambientes de trabalho, utilizando dados e técnicas práticas para ajudar as organizações a não apenas sobreviver, mas prosperar em tempos de incerteza.

O conceito de antifragilidade no trabalho

Em um ambiente de trabalho, a antifragilidade se manifesta na capacidade de uma organização ou equipe de usar desafios, crises e incertezas como oportunidades para inovação, crescimento e desenvolvimento. Em vez de evitar o risco, as organizações antifrágeis o abraçam, reconhecendo que a variabilidade e o caos podem ser fontes de melhoria contínua. Um estudo da Deloitte revelou que empresas que adotam práticas antifrágeis são 2,5 vezes mais propensas a superar seus concorrentes em termos de inovação e crescimento. Essas organizações veem a incerteza como uma vantagem competitiva, aproveitando-a para desenvolver novos produtos, serviços e modelos de negócios. Um exemplo clássico de antifragilidade no trabalho é a empresa Amazon. Sob a liderança de Jeff Bezos, a Amazon constantemente se expôs a riscos calculados e explorou o caos do mercado para inovar. Desde a criação do Amazon Web Services (AWS), uma aposta que inicialmente não fazia parte do modelo de negócios principal, até a aquisição estratégica de empresas como Whole Foods, a Amazon tem consistentemente usado a incerteza do mercado para se fortalecer e expandir. A empresa não apenas sobreviveu a crises econômicas, mas cresceu significativamente durante elas, demonstrando uma clara antifragilidade.

Técnicas práticas para promover antifragilidade no ambiente de trabalho

▶ **1. Experimentação e iteração contínuas**

Em vez de evitar riscos, encoraje a experimentação constante e o aprendizado por meio do fracasso. Pequenas apostas em novas ideias ou produtos podem levar a grandes inovações.

- **Lançar protótipos rapidamente**: Em vez de esperar pela perfeição, coloque produtos ou serviços no mercado rapidamente para testar sua viabilidade.
- **Coletar *feedback* constante**: Use o *feedback* dos clientes e funcionários para ajustar e melhorar continuamente.
- **Fomentar uma cultura de aprendizado**: Incentive todos os níveis da organização a aprender com erros e a compartilhar lições.

▶ **2. Diversificação de recursos e estratégias**

A diversificação de produtos, mercados ou talentos pode proteger uma organização contra choques externos.

- **Ampliar as fontes de receita**: Desenvolva múltiplas linhas de produtos ou serviços para não depender de uma única fonte de receita.
- **Diversificar os mercados**: Expanda seu negócio para novos mercados geográficos ou demográficos a fim de mitigar o risco de crises localizadas.

- **Construir equipes multidisciplinares**: Crie equipes com habilidades diversas que possam oferecer diferentes perspectivas e soluções inovadoras.

▶ 3. Incorporação de redundância positiva

Em vez de enxugar ao máximo os recursos, incorpore redundância estratégica, como manter reservas de capital ou talentos extras, para absorver choques inesperados.

- **Manter reservas de capital**: Evite gastar todos os recursos financeiros e mantenha uma reserva para emergências.
- **Treinar líderes substitutos**: Prepare uma segunda linha de líderes que possam assumir responsabilidades em caso de necessidade.
- **Estabelecer processos alternativos**: Desenvolva planos B para operações críticas que possam ser ativados em caso de falha dos planos principais.

▶ 4. Adoção de um *mindset* de longo prazo

Organizações antifrágeis mantêm foco no longo prazo, tomando decisões que podem não ter retornos imediatos, mas que fortalecem a posição da empresa ao longo do tempo.

- **Investir em P&D**: Alocar recursos em pesquisa e desenvolvimento, mesmo durante tempos de crise, para garantir a inovação contínua.
- **Focar a sustentabilidade**: Implementar práticas de sustentabilidade que garantam a viabilidade no longo prazo, mesmo que impliquem custos iniciais mais altos.

- **Desenvolver talentos**: Invista em programas de treinamento e desenvolvimento de carreira que capacitem os funcionários para o futuro, em vez de focar apenas as necessidades imediatas.

▶ 5. Fomento de uma cultura de resiliência e adaptabilidade

Crie uma cultura organizacional em que a adaptabilidade e a resiliência sejam valores centrais, incentivando todos os membros da equipe a serem flexíveis e proativos.

- **Capacitar continuamente**: Ofereça treinamento regular em habilidades de resiliência e adaptabilidade para todos os funcionários.
- **Envolver os funcionários**: Inclua os funcionários no processo de tomada de decisão para aumentar o compromisso e a capacidade de resposta a mudanças.
- **Comunicar com clareza**: Mantenha uma comunicação direta e transparente, especialmente durante crises, para garantir que todos estejam alinhados e preparados para reagir com rapidez.

À guisa do fechamento

O ciclo infinito da resiliência

Ao chegar ao final deste livro, espero que você tenha descoberto que a resiliência não é um ponto de chegada, mas um caminho contínuo. Assim como o bambu que se curva diante do vento e retorna à sua posição ereta, a resiliência não é sobre nunca cair, mas sobre a capacidade de se levantar repetidamente; é a soma de nossas experiências, práticas e reflexões diárias, moldada não apenas pelos momentos de crise, mas também pelos pequenos desafios que enfrentamos ao longo da vida.

Este livro ofereceu ferramentas, histórias e técnicas para fortalecer sua capacidade de enfrentar adversidades e transformar dificuldades em oportunidades. Mas o verdadeiro trabalho começa agora. Resiliência é uma habilidade que cresce com o tempo, alimentada por cada escolha consciente que você faz em meio às incertezas da vida. Seja ao lidar com o estresse no trabalho, com a ansiedade em tempos de mudança ou com as tensões nas relações, cada desafio é uma nova oportunidade de fortalecer suas raízes e expandir sua flexibilidade emocional.

Lembre-se: a resiliência não é sobre ser invencível, mas sobre ser capaz de aprender, adaptar-se e crescer. Cada nova experiência, cada nova tempestade, é uma chance de aprofundar a autocompreensão e, com isso, emergir mais forte. Assim como o bambu, você tem dentro de si o potencial de se curvar sem quebrar, de florescer depois da adversidade e de continuar a crescer, não importa quão forte seja o vento.

O caminho da resiliência é infinito, mas é também um caminho de crescimento contínuo. E você já deu os primeiros passos.

OUTROS LIVROS DO AUTOR

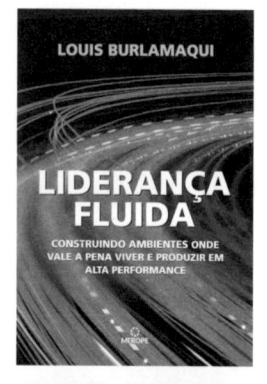

FLUA
LOUIS BURLAMAQUI
Pare de brigar com você e traga de volta seu alinhamento
UM GUIA DAS COMPETÊNCIAS EMOCIONAIS

A ARTE DE FAZER ESCOLHAS
LOUIS BURLAMAQUI
Insights e contos baseados em princípios quânticos para manifestar o seu poder pessoal

DOMÍNIO EMOCIONAL EM UMA ERA EXPONENCIAL
LOUIS BURLAMAQUI
COMO CONTROLAR SUAS AÇÕES E REAÇÕES E ABRIR-SE A UMA VIDA EXTRAORDINÁRIA
PREFÁCIO DE HUMBERTO MOTA

LIDERANÇA FLUIDA
LOUIS BURLAMAQUI
CONSTRUINDO AMBIENTES ONDE VALE A PENA VIVER E PRODUZIR EM ALTA PERFORMANCE

A COR DA CULTURA ORGANIZACIONAL
LOUIS BURLAMAQUI
A HISTÓRIA DE UMA FANTÁSTICA JORNADA DE TRANSFORMAÇÃO HUMANA E EMPRESARIAL

O SEQUESTRO DA CONSCIÊNCIA
LOUIS BURLAMAQUI
Como grupos controlam mentes e como proteger sua liberdade

Os motivos que levam pessoas a se associarem ao mal pensando que estão fazendo o bem.

Série Soft Skills Tools

Adquira pelo site da editora, www.editoramerope.com.br,

ou pela Amazon, www.amazon.com.br

Louis Burlamaqui, com seu time de consultores e facilitadores, conduzem workshops e seminários sobre resiliência. Por meio de jogos, dinâmicas e atividades práticas, estimulam o engajamento e facilitam o aprimoramento da performance individual e coletiva.

Para saber mais sobre palestras, seminários e treinamentos, contate:
atendimento@jazzer.com.br

Para saber mais sobre as empresas do autor e outros serviços oferecidos:
www.louisburlamaqui.com.br
www.jazzer.com.br
www.taigeta.com.br

TIPOLOGIA: Lora [texto]
Rubik [entretítulos]
PAPEL: Off-white 80g/m² [miolo]
Cartão 250 g/m² [capa]
IMPRESSÃO: Formato Artes Gráficas [maio de 2025]